Impressum
Verlag: BABADADA GmbH, Nedderfeld 112 , 22529 Hamburg
Geschäftsführer / Verlagsleitung: Harald Hof
Druck: Books on Demand GmbH, In de Tarpen 42, 22848 Norderstedt

Imprint
Publisher: BABADADA GmbH, Nedderfeld 112 , 22529 Hamburg, Germany
Managing Director / Publishing direction: Harald Hof
Print: Books on Demand GmbH, In de Tarpen 42, 22848 Norderstedt, Germany

škola

škola

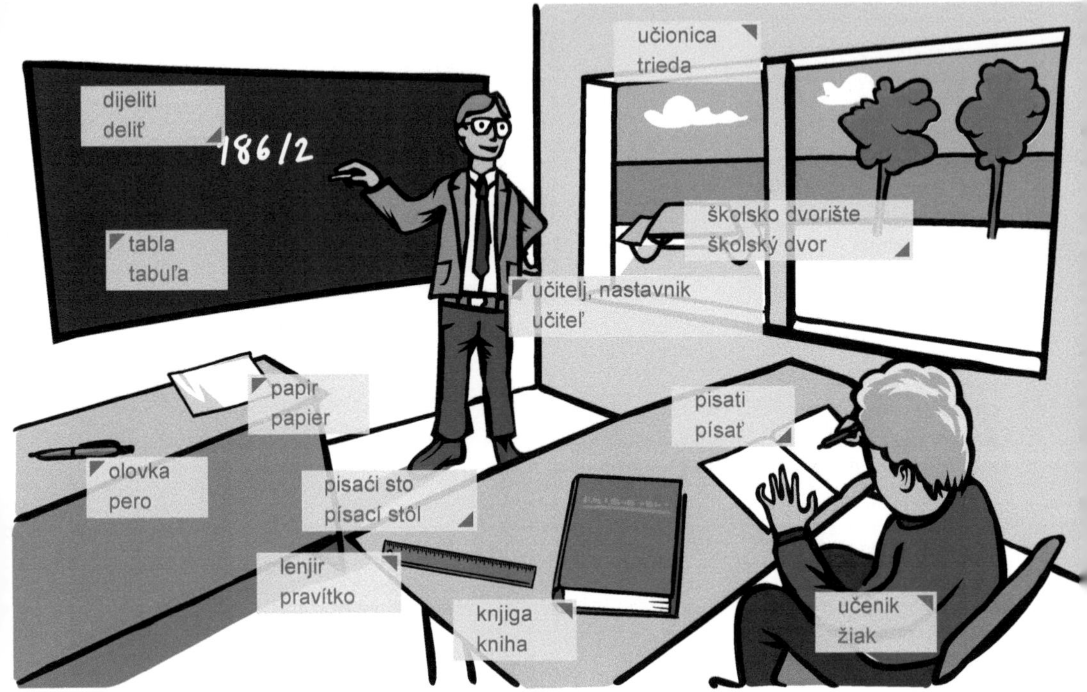

učionica
trieda
dijeliti
deliť
186/2
tabla
tabuľa
školsko dvorište
školský dvor
učitelj, nastavnik
učiteľ
papir
papier
pisati
písať
olovka
pero
pisaći sto
písací stôl
lenjir
pravítko
knjiga
kniha
učenik
žiak

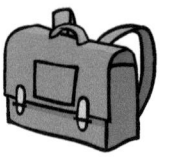

torba

školská taška

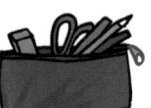

pernica

peračník

drvena olovka

ceruza

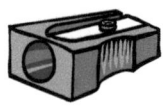

šiljalo za olovke

strúhadlo na ceruzky

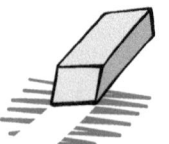

gumica

guma

blok za crtanje

skicár

crtež

kresba

kist

štetec

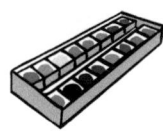

kutija s bojama

vodové farby

makaze

nožnice

ljepilo

lepidlo

vježbanka

cvičný zošit

domaća zadaća

domáca úloha

12

broj

číslo

2+2

sabirati

sčítať

5-2

oduzimati

odčítať

2×2

množiti

násobiť

računati

počítať

A

slovo

písmeno

ABCDEFG
HIJKLMN
OPQRSTU
VWXYZ

abeceda

abeceda

hello

riječ

slovo

tekst

text

čitati

čítať

kreda

krieda

sat

hodina

školski dnevnik

triedna kniha

ispit

skúška

svjedočanstvo

certifikát

školska uniforma

školská uniforma

izobrazba

vzdelanie

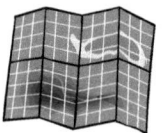

leksikon

encyklopédia

univerzitet

univerzita

mikroskop

mikroskop

karta

mapa

korpa za papir

kôš na papier

putovanje
cesta

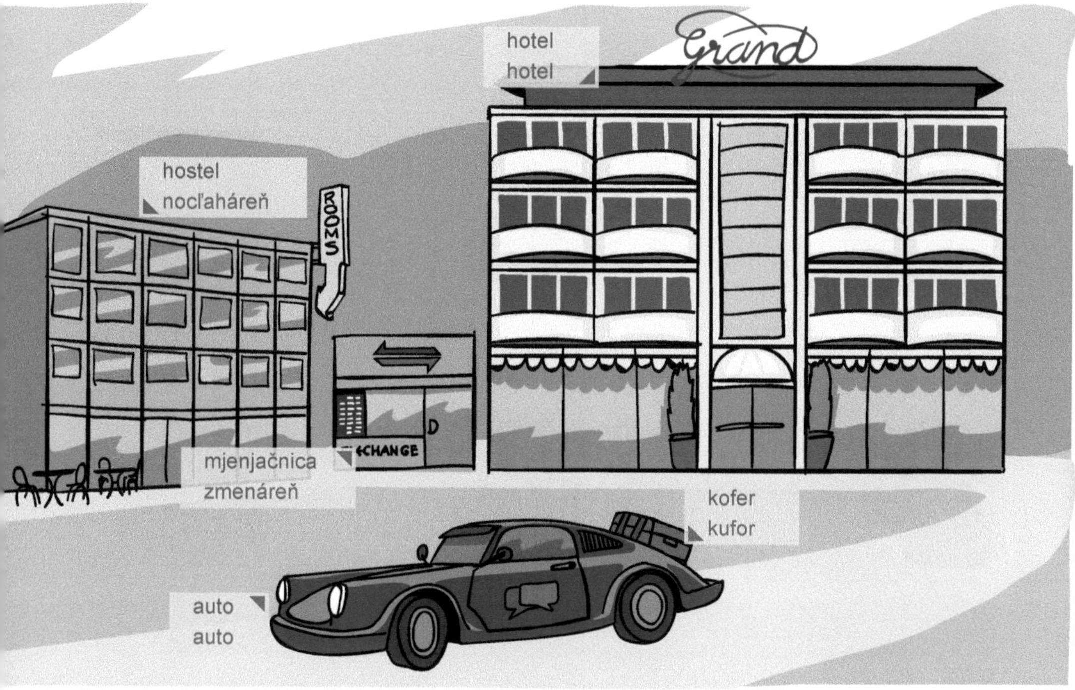
hotel
hotel
Grand
hostel
nocľaháreň
ROOMS
EXCHANGE
mjenjačnica
zmenáreň
kofer
kufor
auto
auto

jezik

jazyk

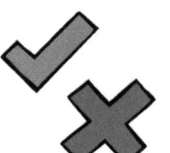

da / ne

áno/nie

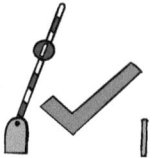

okej

v poriadku

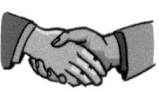

zdravo

ahoj

tumač

prekladateľ

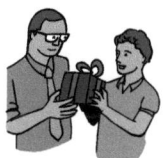

hvala

ďakujem

Koliko košta...?

Koľko stojí ... ?

Ne razumijem

Nerozumiem

problem

problém

dobro veče!

Dobrý večer!

Dobro jutro!

Dobré ráno!

Laku noć!

Dobrú noc!

doviđenja

Dovidenia

smjer

smer

prtljag

batožina

torba

taška

ruksak

batoh

gost

hosť

soba

izba

vreća za spavanje

spacák

šator

stan

turističke informacije
....
informácie pre turistov

plaža
....
pláž

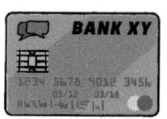

kreditna kartica
....
kreditná karta

doručak
....
raňajky

ručak
....
obed

večera
....
večera

putna karta
....
cestovný lístok

lift
....
výťah

poštanska markica
....
poštová známka

granica
....
hranica

carina
....
clo

ambasada
....
veľvyslanectvo

viza
....
vízum

pasoš
....
cestovný pas

transport
doprava

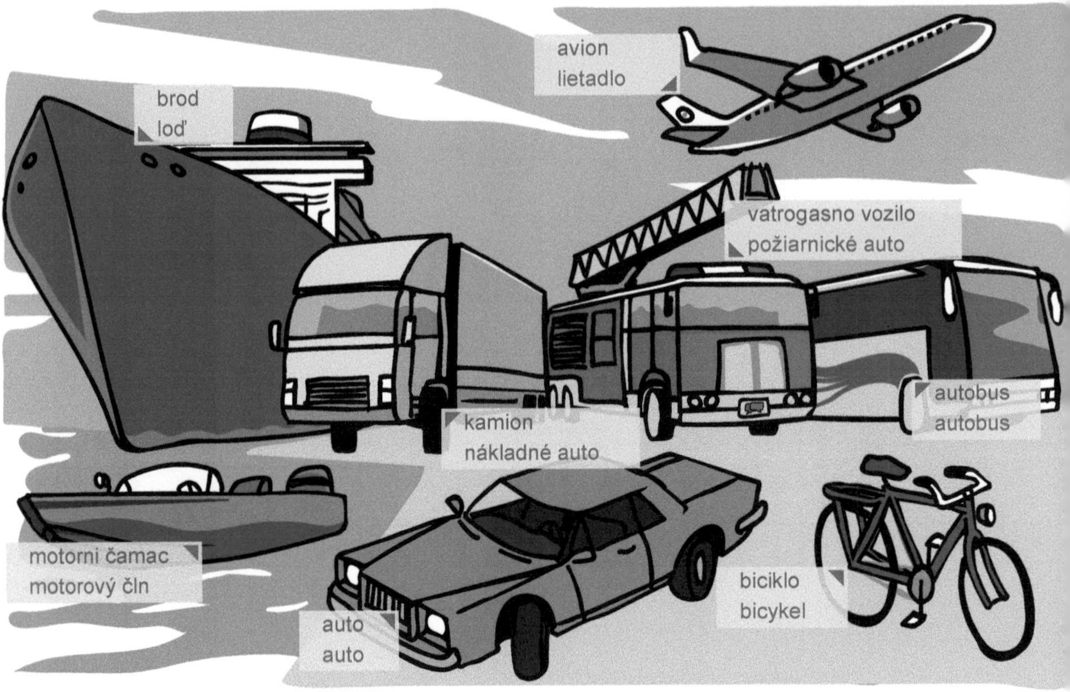
avion
lietadlo
brod
loď
vatrogasno vozilo
požiarnické auto
kamion
nákladné auto
autobus
autobus
motorni čamac
motorový čln
biciklo
bicykel
auto
auto

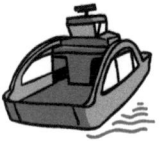

trajekt
trajekt

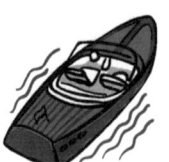

brod
loď

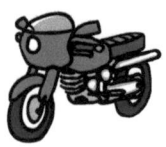

motocikl
motorka

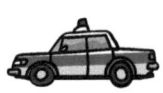

policijski automobil
policajné auto

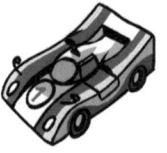

trkaći automobil
pretekárske auto

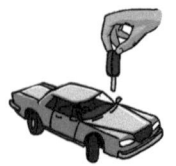

unajmljeni automobil
vozidlo z požičovne

kar-šering

carsharing

pauk

odťahové auto

smećarsko vozilo

smetiarske auto

motor

motor

gorivo

benzín

benzinska pumpa

čerpacia stanica

saobraćajni znak

dopravná značka

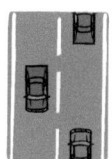

saobraćaj

premávka

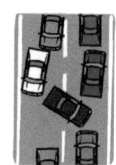

zastoj

zápcha

parking

parkovisko

željeznička stanica

vlaková stanica

šine

trate

voz

vlak

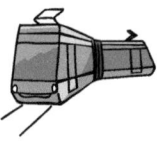

tramvaj

električka

vagon

vagón

helikopter

helikoptéra

aerodrom

letisko

toranj

veža

putnik

pasažier

kontejner

kontajner

karton

kartón

tačke

vozík

korpa

kôš

poletjeti / sletjeti

štartovať / pristáť

grad

mesto

selo

dedina

centar grada

centrum mesta

kuća

dom

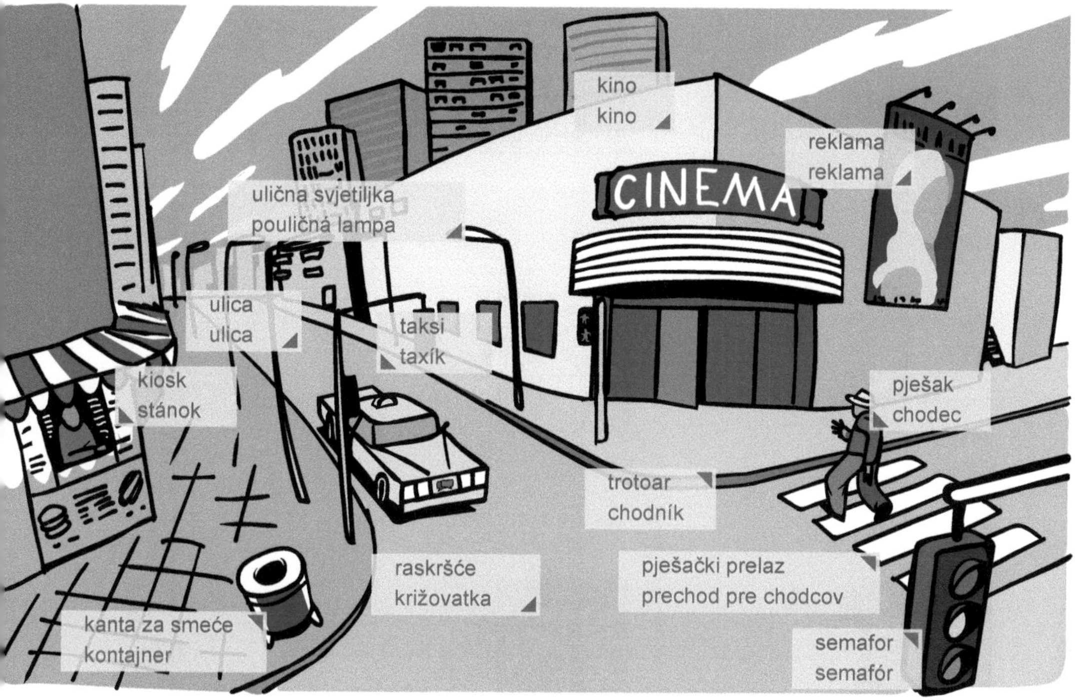

kino
kino

reklama
reklama

ulična svjetiljka
pouličná lampa

CINEMA

ulica
ulica

taksi
taxík

pješak
chodec

kiosk
stánok

trotoar
chodník

raskršće
križovatka

pješački prelaz
prechod pre chodcov

kanta za smeće
kontajner

semafor
semafór

koliba
chata

stan
byt

željeznička stanica
vlaková stanica

vjećnica
radnica

muzej
múzeum

škola
škola

univerzitet

univerzita

banka

banka

bolnica

nemocnica

hotel

hotel

apoteka

lekáreň

ured

kancelária

knjižara

kníhkupectvo

radnja

obchod

cvjećara

kvetinárstvo

supermarket

supermarket

pijaca

trh

robna kuća

obchodný dom

prodavač ribe

obchodník s rybami

trgovački centar

nákupné stredisko

luka

prístav

park
park

klupa
lavička

most
most

stepenice
schody

podzemna željeznica
metro

tunel
tunel

autobuska stanica
autobusová zastávka

bar
bar

restoran
reštaurácia

poštanski sandučić
poštová schránka

saobraćajni znak
tabuľa s názvom ulice

sat za naplatu parkinga
parkovacie hodiny

zološki vrt
ZOO

bazen
plaváreň

džamija
mešita

seosko imanje

farma

zagađenje okoline

znečisťovanie životného prostredia

groblje

cintorín

crkva

kostol

igralište

ihrisko

hram

chrám

krajolik

terén

list
list

putokaz
smerová tabuľa

putokaz
cesta

livada
lúka

kamen
kameň

drvo
strom

putnik
turista

rijeka
rieka

trava
tráva

cvijet
kvet

dolina
dolina

brdo
kopec

jezero
jazero

šuma
les

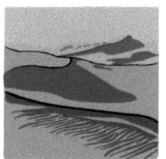

pustinja
púšť

vulkan
vulkán

dvorac
zámok

duga
dúha

gljiva
hríb

palma
palma

komarac
komár

muha
mucha

mrav
mravec

pčela
včela

pauk
pavúk

buba

chrobák

žaba

žaba

vjeverica

veverička

jež

jež

zec

zajac

sova

sova

ptica

vták

labud

labuť

divlja svinja

diviak

jelen

jeleň

los

los

brana

hrádza

vjetrenjača

veterná turbína

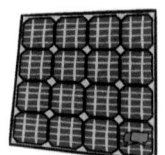

solarni modul

solárny panel

klima

podnebie

restoran
reštaurácia

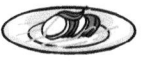

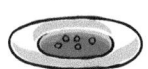

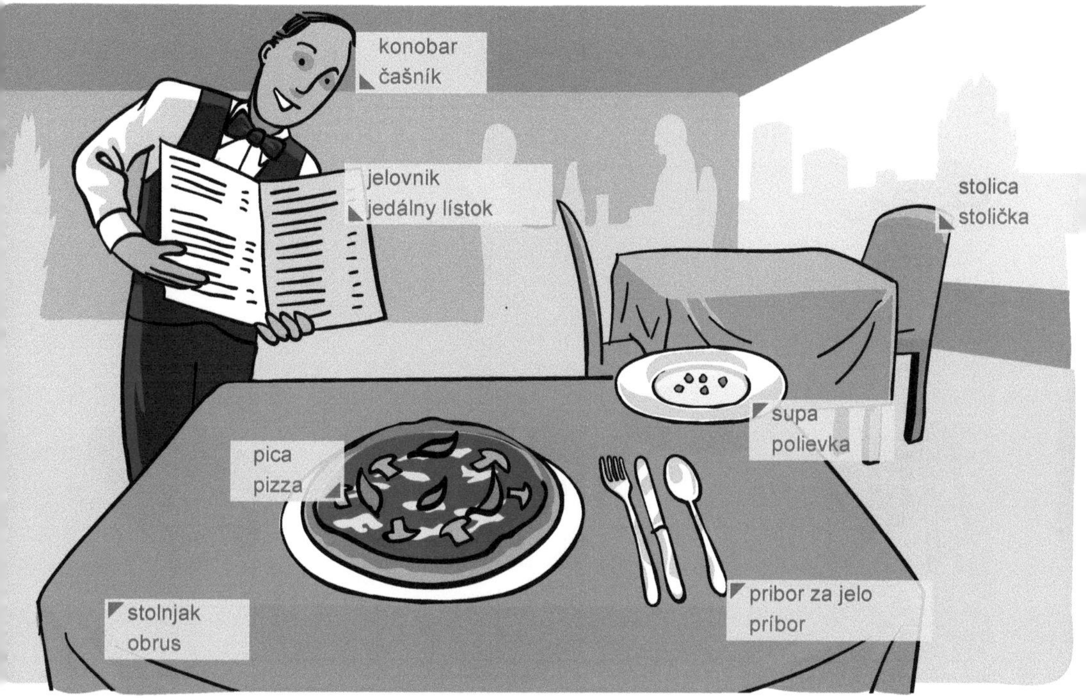
konobar
čašník
jelovnik
jedálny lístok
stolica
stolička
supa
polievka
pica
pizza
pribor za jelo
príbor
stolnjak
obrus

predjelo

predjedlo

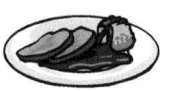

glavno jelo

hlavné jedlo

desert

zákusok

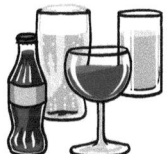

piće

nápoje

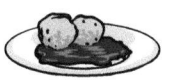

jelo

jedlo

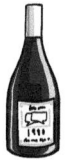

flaša

fľaša

brza hrana

fast-food

jelo sa ulice

street food

čajnik

kanvica na čaj

šećernica

cukornička

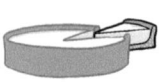

porcija

porcia

mašina za espreso

stroj na espresso

barska stolica

detská stolička

račun

účet

tacna

podnos

nož

nôž

viljuška

vidlička

kašika

lyžica

kašičica

čajová lyžička

salveta

obrúsok

čaša

pohár

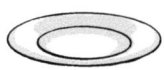

tanjir

tanier

tanjir za supu

hlboký tanier

tanjurić

podšálka

sos

omáčka

solanik

soľnička

mlin za biber

mlynček na korenie

sirće

ocot

ulje

olej

začini

korenie

kečap

kečup

senf

horčica

majoneza

majonéza

supermarket
supermarket

ponuda
špeciálna ponuka
FOR
klijent
klient
mliječni proizvodi
mliečne výrobky
voće
ovocie
kolica za kupovinu
nákupný vozík

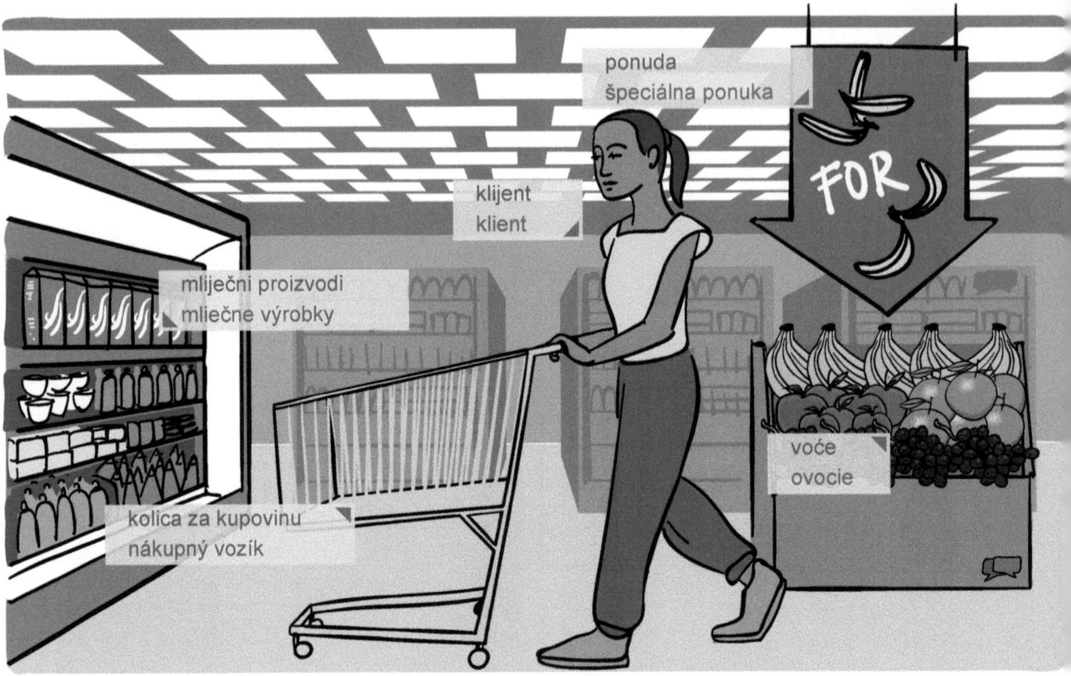

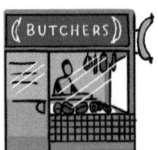

BUTCHERS
mesnica- klaonica

mäsiarstvo

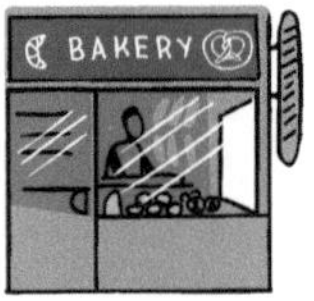

BAKERY
pekara

pekáreň

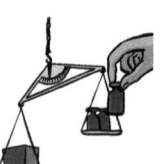

vagati

vážiť

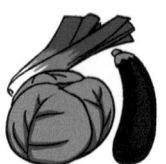

povrće

zelenina

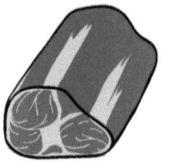

meso

mäso

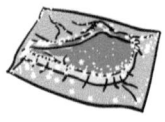

zaleđena hrana

mrazené potraviny

narezak

nárez

konzerve

konzervy

prašak za veš

prací prostriedok

slatkiši

sladkosti

kućanski proizvodi

domáce potreby

sredstvo za čišćenje

čistiace prostriedky

prodavačica

predavačka

kasa

pokladňa

blagajnik

pokladník

lista za kupovinu

nákupný zoznam

radno vrijeme

otváracie hodiny

novčanik

peňaženka

kreditna kartica

kreditná karta

torba

taška

najlonska vrećica

plastové vrecko

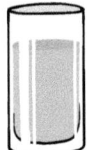

voda

voda

sok

džús

mlijeko

mlieko

kola

kola

vino

víno

pivo

pivo

alkohol

alkohol

kakao

kakao

čaj

čaj

kafa

káva

espreso

espresso

kapućino

kapučíno

banana

banán

jabuka

jablko

narandža

pomaranč

lubenica

melón

limun

citrón

mrkva

mrkva

bijeli luk

cesnak

bambus

bambus

crveni luk

cibuľa

gljiva

hríb

orašasti plodovi

orechy

pasta

rezance

špagete
špagety

riža
ryža

salata
šalát

pomfrit
hranolky

pečeni krompir
pečené zemiaky

pica
pizza

hamburger
hamburger

sendvič
obložený chlebík

šnicla
rezeň

šunka
šunka

kobasica
saláma

kobasica
klobása

kokoš
kurča

pečenje
pečené mäso

riba
ryba

zobene pahuljice
....
ovsené vločky

muzli
....
müsli

kornfleks
....
kukuričné lupienky

brašno
....
múka

kroason
....
croissant

zemičke
....
pečivo

kruh
....
chlieb

tost
....
hrianka

keksi
....
sušienky

maslac
....
maslo

svježi sir
....
tvaroh

kolač
....
koláč

jaje
....
vajce

jaje na oko
....
volské oko

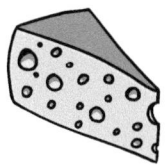

sir
....
syr

sladoled

zmrzlina

šećer

cukor

med

med

marmelada

lekvár

nugat krema

nugátová nátierka

kuri

karí korenie

seosko imanje
farma

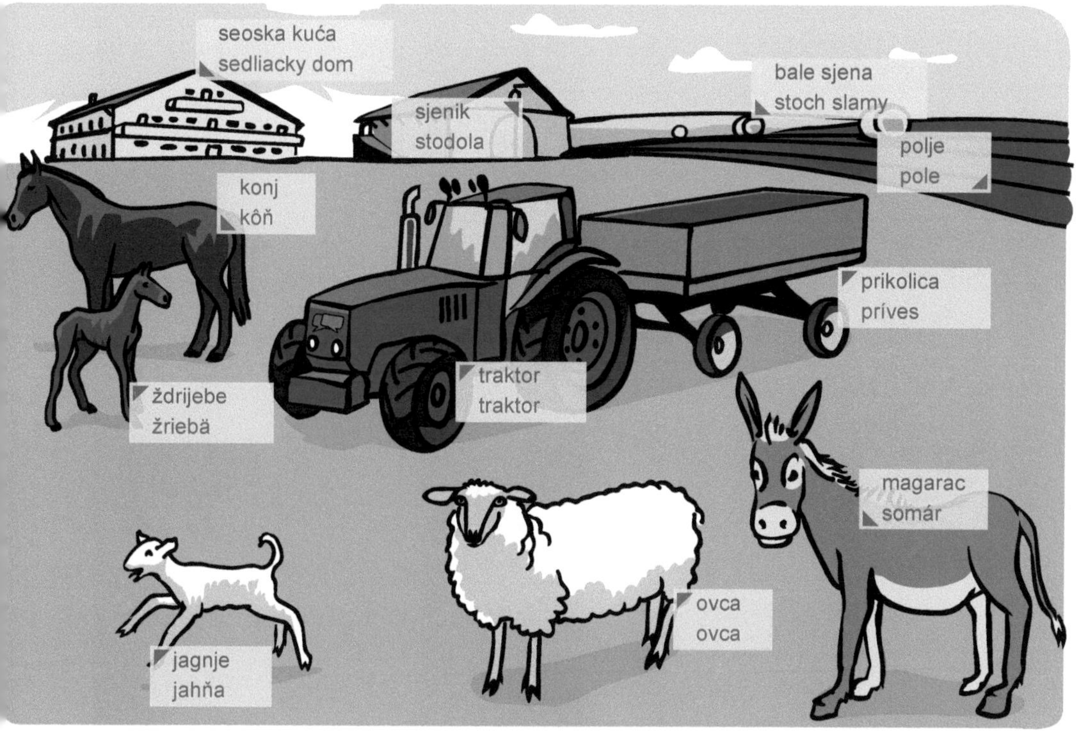

seoska kuća
sedliacky dom
sjenik
stodola
bale sjena
stoch slamy
polje
pole
konj
kôň
prikolica
príves
traktor
traktor
ždrijebe
žriebä
magarac
somár
ovca
ovca
jagnje
jahňa

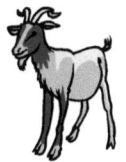

koza
koza

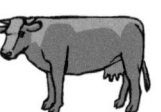

krava
krava

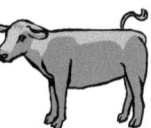

tele
teľa

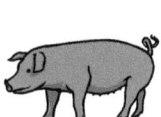

svinja
prasa

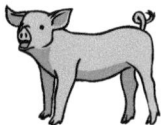

prase
prasiatko

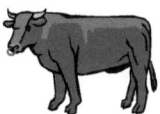

bik
býk

guska

hus

patka

kačica

pile

kuriatko

kokoška

sliepka

pjetao

kohút

pacov

potkan

mačka

mačka

miš

myš

vol

vôl

pas

pes

pseća kućica

psia búda

crijevo za baštu

záhradná hadica

kanta za zalijevanje

krhla

kosa

kosa

plug

pluh

seosko imanje - farma

srp
kosák

motika
motyka

vile
vidly na hnoj

sjekira
sekera

tačke
fúrik

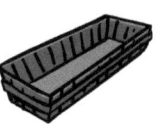

korito
koryto

bokal za mlijeko
kanva na mlieko

vreća
vrece

ograda
plot

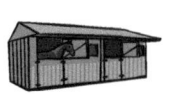

štala
maštaľ

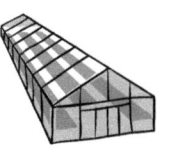

staklenik
skleník

tlo
pôda

sjeme
osivo

đubrivo
hnojivo

kombajn
kombajn

kositi
....
žať

žetva
....
žatva

jam korijen
....
batát

pšenica
....
pšenica

soja
....
sója

krompir
....
zemiak

kukuruz
....
kukurica

uljana repica
....
repka

drvo voća
....
ovocný strom

manioka
....
maniok

žito
....
obilie

kuća
dom

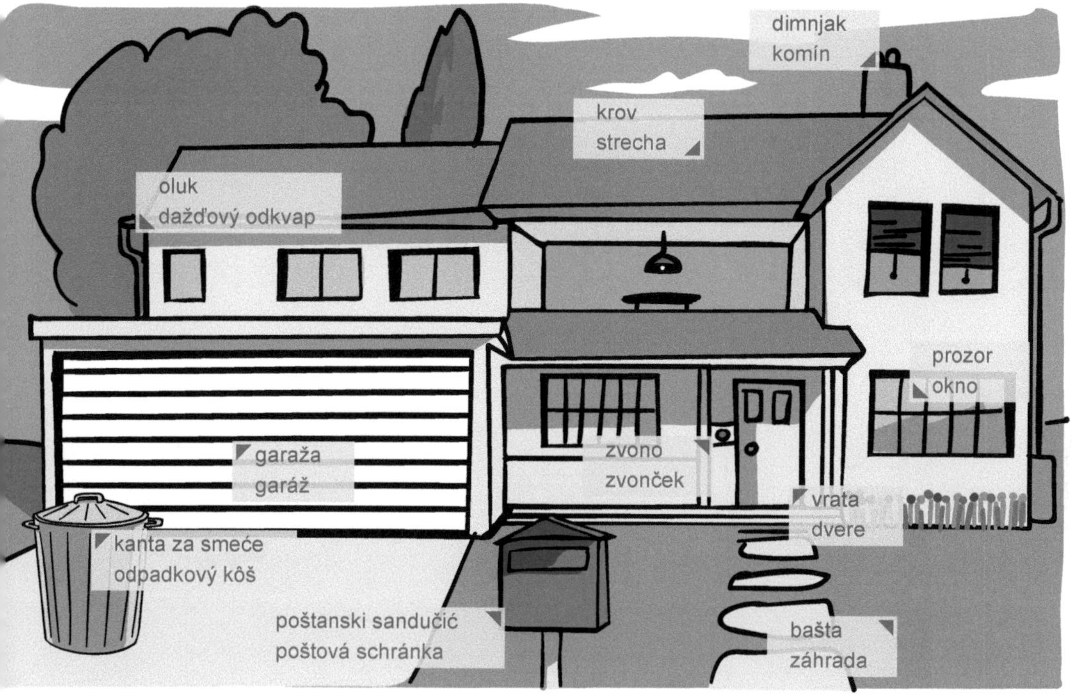
dimnjak
komín
krov
strecha
oluk
dažďový odkvap
prozor
okno
garaža
garáž
zvono
zvonček
vrata
dvere
kanta za smeće
odpadkový kôš
poštanski sandučić
poštová schránka
bašta
záhrada

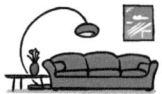

dnevni boravak

obývačka

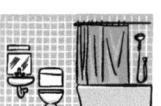

kupatilo

kúpeľňa

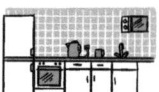

kuhinja

kuchyňa

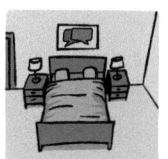

spavaća soba

spálňa

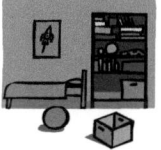

dječija soba

detská izba

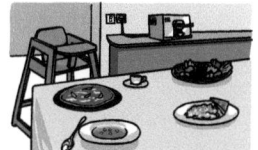

trpezarija

jedáleň

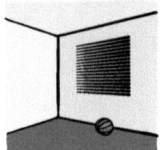

pod, tlo

podlaha

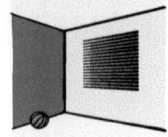

zid

stena

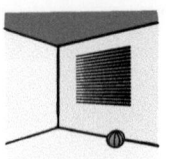

plafon

strop

podrum

pivnica

sauna

sauna

balkon

balkón

terasa

terasa

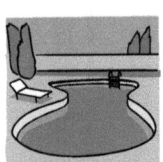

bazen

bazén

kosilica

kosačka

posteljina

obliečka

pokrivač

posteľná prikrývka

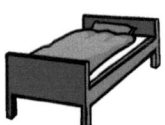

krevet

posteľ

metla

metla

kanta

vedro

prekidač

vypínač

dnevni boravak

obývačka

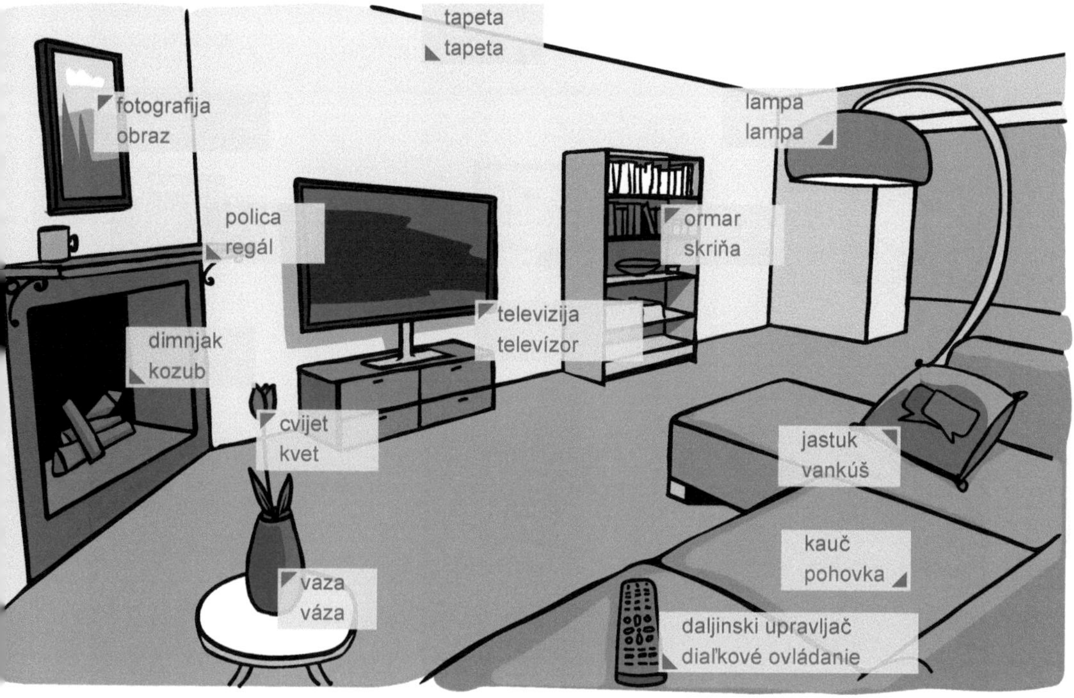

tapeta
tapeta
fotografija
obraz
lampa
lampa
polica
regál
ormar
skriňa
televizija
televízor
dimnjak
kozub
cvijet
kvet
jastuk
vankúš
kauč
pohovka
vaza
váza
daljinski upravljač
diaľkové ovládanie

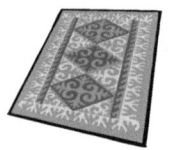

tepih
koberec

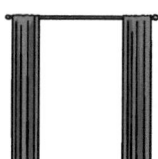

zavjesa
záclona

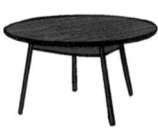

stol
stôl

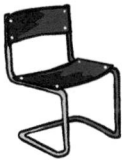

stolica
stolička

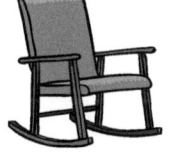

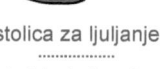

stolica za ljuljanje
hojdacie kreslo

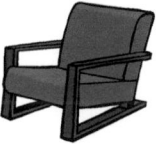

fotelja
kreslo

knjiga
kniha

deka
prikrývka

dekoracija
dekorácia

ložno drvo
drevo na kúrenie

film
film

stereo uređaj
hi-fi veža

ključ
kľúč

novine
noviny

umjetnička slika
maľba

poster
plagát

radio
rádio

blok za bilješke
zápisník

usisavač
vysávač

kaktus
kaktus

svijeća
sviečka

kuhinja
kuchyňa

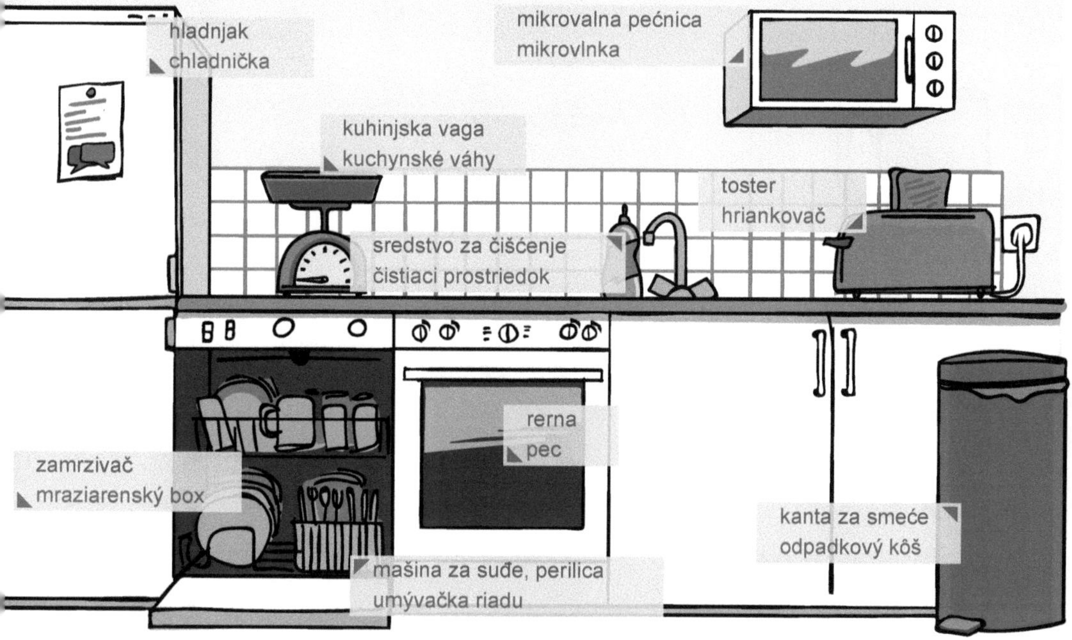

hladnjak
chladnička
mikrovalna pećnica
mikrovlnka
kuhinjska vaga
kuchynské váhy
toster
hriankovač
sredstvo za čišćenje
čistiaci prostriedok
rerna
pec
zamrzivač
mraziarenský box
kanta za smeće
odpadkový kôš
mašina za suđe, perilica
umývačka riadu

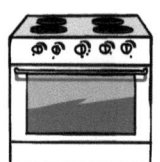

peć
sporák

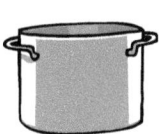

lonac
hrniec

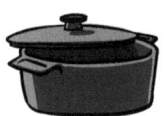

metalni lonac
železný hrniec

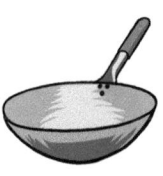

vok / kadai
wok / kadai

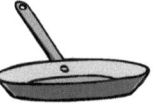

tava, tiganj
panvica

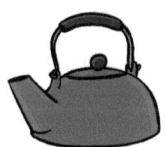

kuhalo
rýchlovarná kanvica

aparat za kuhanje na pari

parný hrniec

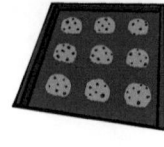

lim za pečenje

plech na pečenie

posuđe

riad

šalica

pohár

činija

misa

kineski štapići

paličky

kutlača

naberačka na polievku

lopatica

stierka

metlica za snijeg bjelanjca

metlička

sito za kuhanje

cedidlo

sito

sitko

ribež

strúhadlo

avan s tučkom

mažiar

roštilj

gril

ložište

ohnisko

daska
doska na krájanie

oklagija
valček na cesto

vadičep
vývrtka

konzerva
konzerva

otvarač za konzerve
otvárač na konzervy

krpe za lonac
chňapka

sudoper
výlevka

četka
kefa

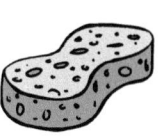

spužva
hubka

mikser
mixér

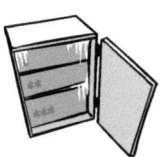

zamrzivač
mraznička

flašica za bebu
kojenecká fľaša

slavina
vodovodný kohútik

kupatilo
kúpeľňa

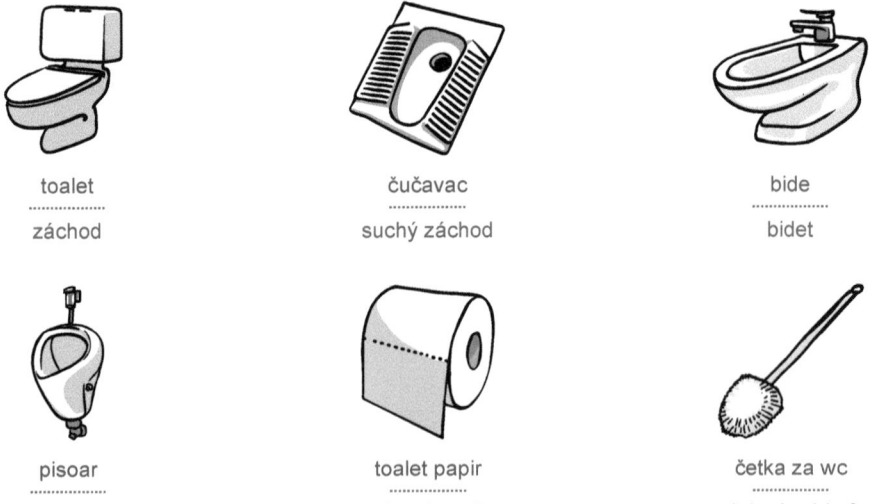

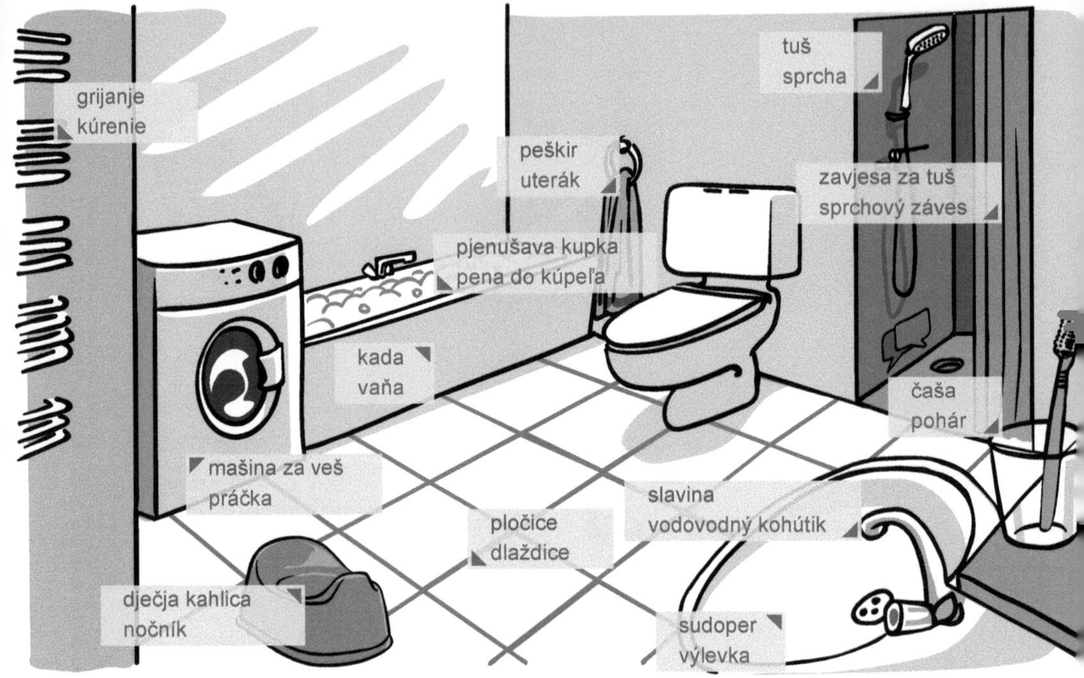
grijanje
kúrenie
tuš
sprcha
peškir
uterák
zavjesa za tuš
sprchový záves
pjenušava kupka
pena do kúpeľa
kada
vaňa
čaša
pohár
mašina za veš
práčka
slavina
vodovodný kohútik
pločice
dlaždice
dječja kahlica
nočník
sudoper
výlevka

toalet
záchod

čučavac
suchý záchod

bide
bidet

pisoar
pisoár

toalet papir
toaletný papier

četka za wc
záchodová kefa

četkica za zube
zubná kefka

pasta za zube
zubná pasta

zubni konac
dentálna niť

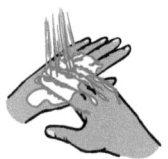

prati
umývať

tuš
ručná sprcha

intimni tuš
sprcha pre intímnu hygienu

lavor
umývadlo

četka za leđa
kefa na chrbát

sapun
mydlo

gel za tuširanje
sprchový gél

šampon
šampón

krpe za pranje
frotírová rukavica

odvod
odtok

krema
krém

dezodorans
dezodorant

kupatilo - kúpeľňa

ogledalo

zrkadlo

ogledalo za šminkanje

kozmetické zrkadlo

brijač

žiletka

pjena za brijanje

pena na holenie

vodica poslije brijanja

voda po holení

češalj

hrebeň

četka

kefa

fen

sušič vlasov

sprej za kosu

sprej na vlasy

puder

make-up

karmin

rúž

lak za nokte

lak na nechty

vata

vata

makazice za nokte

nožnice na nechty

parfem

parfum

kozmetička torbica

kozmetická taška

hoklica

stolček

vaga

váha

kupaći ogrtač

kúpací plášť

rukavice za čišćenje

gumové rukavice

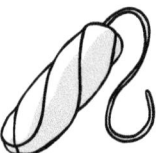

tampon

tampón

uložak za dame

menštruačná vložka

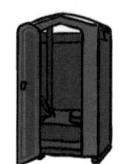

hemijski toalet

chemické WC

dječija soba
detská izba

budilnik
budík
plišana igračka
plyšová hračka
auto za igru
hračkárske auto
zvečka
hrkálka
kućica za lutke
domček pre bábiky
poklon
dar

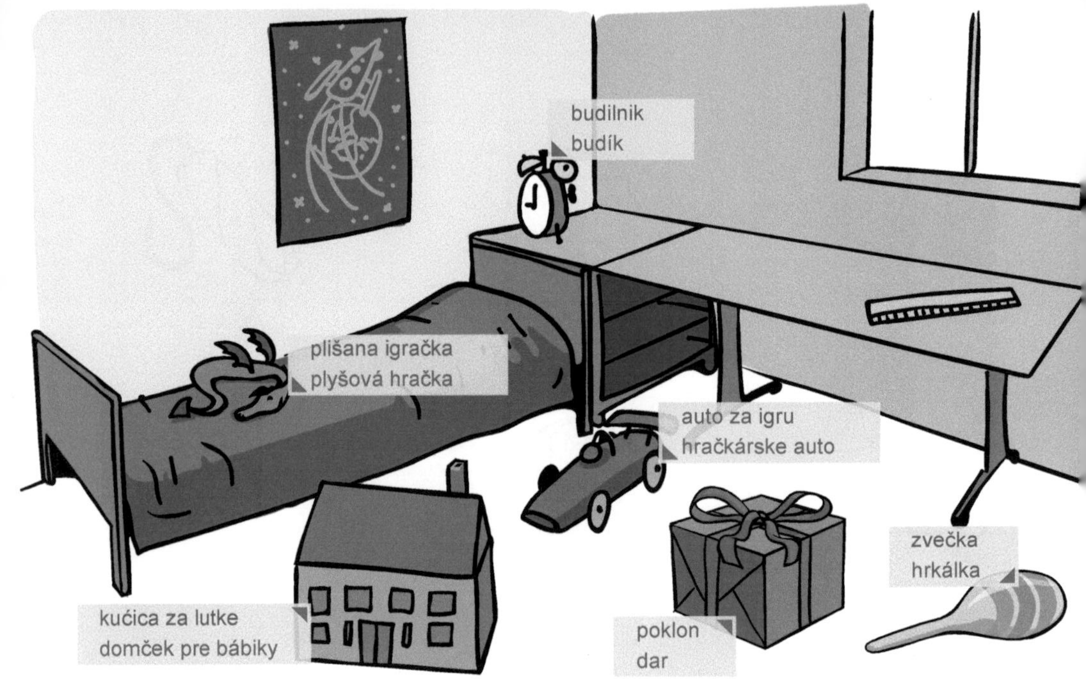

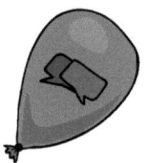

balon

balón

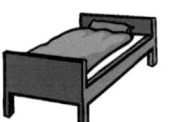

krevet

posteľ

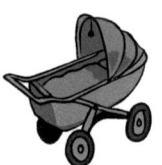

kolica za djecu

detský kočík

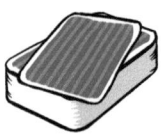

karte za igranje

karty

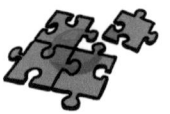

puzle

puzzle

strip

komix

lego kockice

skladačka lego

kockice za gradnju

stavebnica

akcione figure

akčná postavička

benkica

dupačky

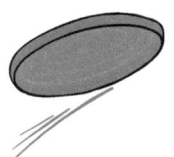

frizbi

lietajúci tanier

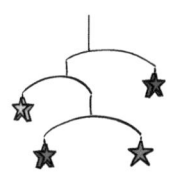

mobile

závesné hračky

igra na ploči

stolová hra

kocka

kocka

miniatura željeznice

modelový vláčik

cucla

cumlík

zabava

párty

slikovnica

obrázková kniha

lopta

lopta

lutka

bábika

igrati

hrať sa

pješćanik
pieskovisko

ljuljačka
hojdačka

igračke
hračky

konzola za igru
hracia konzola

triciklo
trojkolka

medvjedić
medvedík

ormar
šatník

odjeća
šatstvo

kratke čarape
ponožky

čarape
pančuchy

hulahopke
pančuchové nohavičky

šal
šál

kišobran
dáždnik

majica kratkih rukava
tričko

kaiš
opasok

čizme
čižmy

papuče
papuče

patike
tenisky

sandale
....
sandále

cipele
....
topánky

gumene čizme
....
gumáky

gaće
....
spodky

grudnjak
....
podprsenka

potkošulja
....
tielko

odjeća - šatstvo 45

bodi
body

hlače
nohavice

farmerke
džínsy

suknja
sukňa

bluza
blúzka

košulja
košeľa

džemper
pulóver

majica
sveter

sako
blejzer

jakna
bunda

mantil
kabát

kišni mantil
pršiplášť

kostim
kostým

haljina
šaty

vjenčanica
svadobné šaty

odijelo

oblek

spavaćica

nočná košeľa

pidžama

pyžamo

sari

sari

marama

šatka na hlavu

turban

turban

burka

burka

kaftan

kaftan

abaja

abaja

kupaći kostim

dvojdielne plavky

kupaće gaće

plavky

kratke hlače

šortky

trenerka

tepláková súprava

pregača

zástera

rukavice

rukavice

dugme

gombík

naočare

okuliare

narukvica

náramok

ogrlica

retiazka

prsten

prsteň

naušnica

náušnica

kapa

čiapka

vješalica

vešiak

šešir

klobúk

kravata

kravata

patentni zatvarač

zips

kaciga

prilba

tregeri za hlače

traky

školska uniforma

školská uniforma

uniforma

uniforma

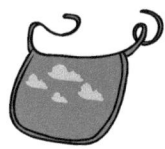

podbradak

podbradník

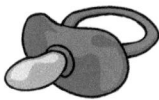

cucla

cumlík

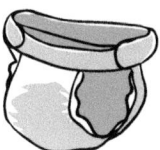

pelene

plienka

ured
kancelária

server
server
ormar za kartoteku
skriňa na spisy
štampač
tlačiareň
papir
papier
monitor
monitor
miš
myš
pisaći sto
písací stôl
registrator
zakladač
tastatura
klávesnica
korpa za papir
kôš na papier
kompjuter
počítač
stolica
stolička

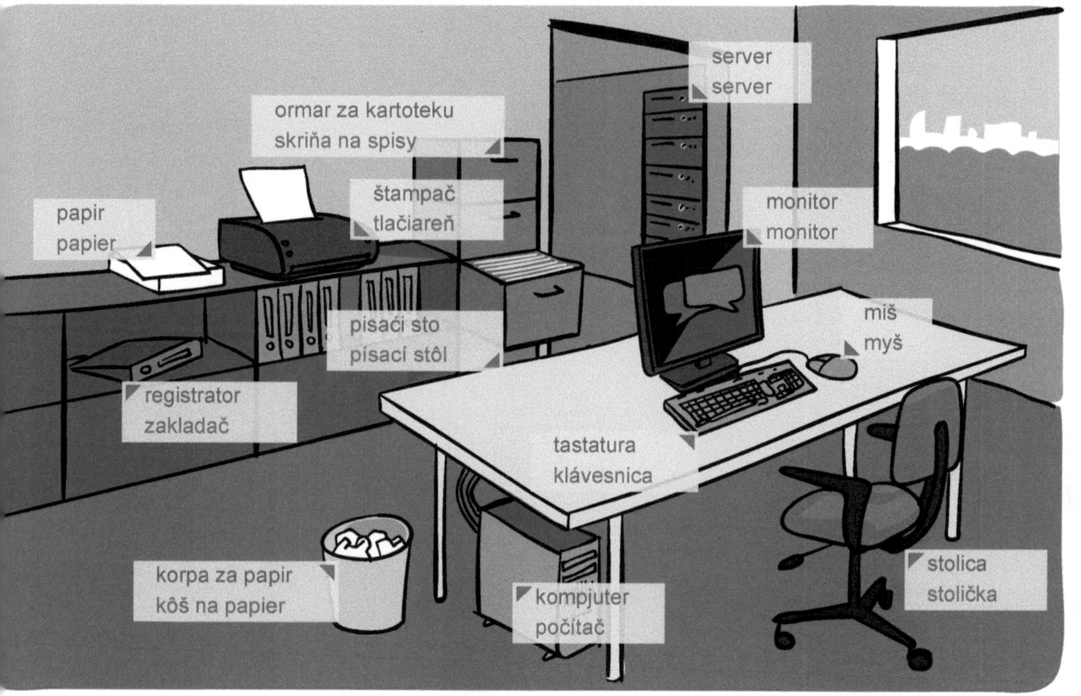

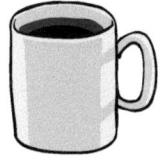

šolja za kafu

hrnček na kávu

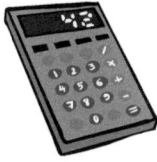

kalkulator

kalkulačka

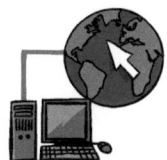

internet

internet

laptop

laptop

pismo

list

poruka

správa

mobilni telefon

mobil

mreža

sieť

aparat za kopiranje

kopírka

softver

softvér

telefon

telefón

utičnica

elektrická zásuvka

faks

fax

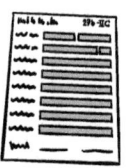

formular

formulár

dokument

doklad

kupovati

kúpiť

platiti

platiť

trgovati

obchodovať

novac

peniaze

**USD**

dolar

dolár

**EUR**

euro

euro

JPY

jen

jen

RUB

rublja

rubeľ

CHF

franak

švajčiarsky frank

CNY

renminbi jen

čínsky jüan

INR

rupi

rupia

bankomat

bankomat

mjenjačnica

zmenáreň

zlato

zlato

srebro

striebro

nafta

ropa

energija

energia

cijena

cena

ugovor

zmluva

porez

daň

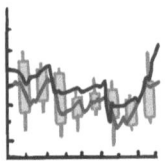

akcija

akcia

raditi

pracovať

službenik

zamestnanec

poslodavac

zamestnávateľ

fabrika

továreň

radnja

obchod

zanimanja
povolania

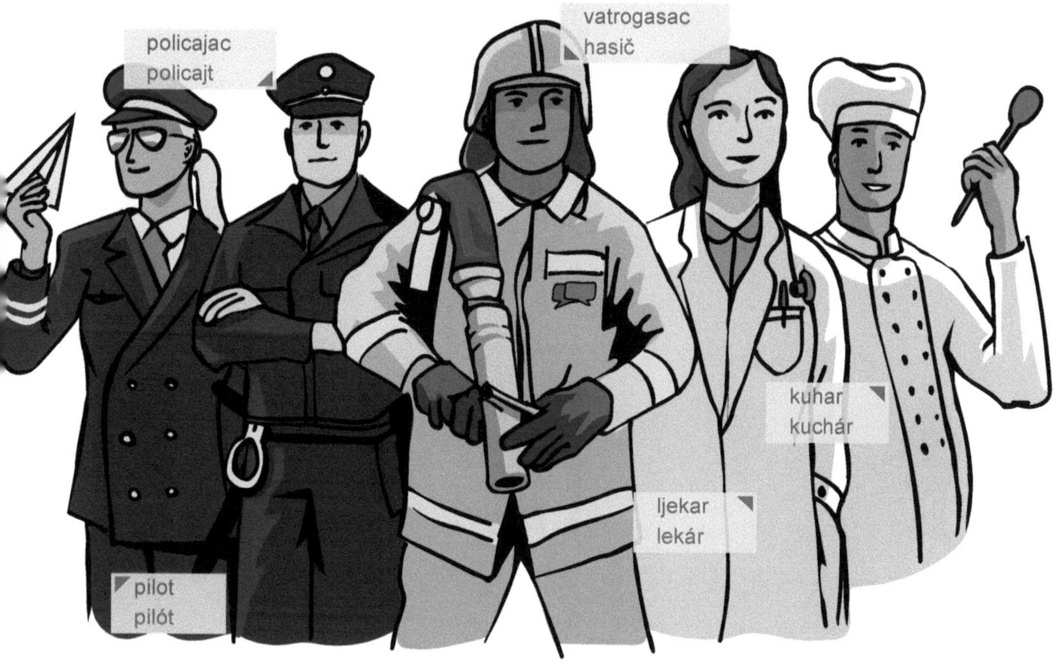
policajac
policajt
vatrogasac
hasič
kuhar
kuchár
ljekar
lekár
pilot
pilót

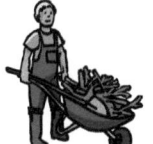

baštovan
záhradník

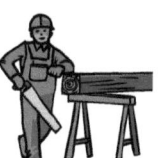

stolar
stolár

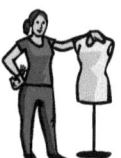

krojačica
krajčírka

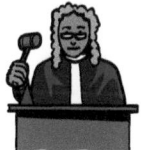

sudija
sudca

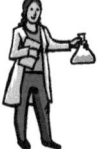

hemičar
chemik

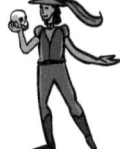

glumac
herec

vozač autobusa

vodič autobusu

vozač taksija

taxikár

ribar

rybár

čistačica

upratovačka

krovopokrivač

pokrývač

konobar

čašník

lovac

poľovník

moler

maliar

pekar

pekár

električar

elektrikár

građevinski radnik

stavebný robotník

inženjer

inžinier

koljač

mäsiar

limar, vodoinstalater

klampiar

poštar

poštár

vojnik
vojak

arhitekta
architekt

blagajnik
pokladník

cvjećar
kvetinár

frizer
kaderník

kontrolor
sprievodca

mehaničar
mechanik

kapiten
kapitán

zubar
zubár

naučnik
vedec

rabin
rabín

imam
imám

monah
mních

sveštenik
farár

zanimanja - povolania

alat
náradie

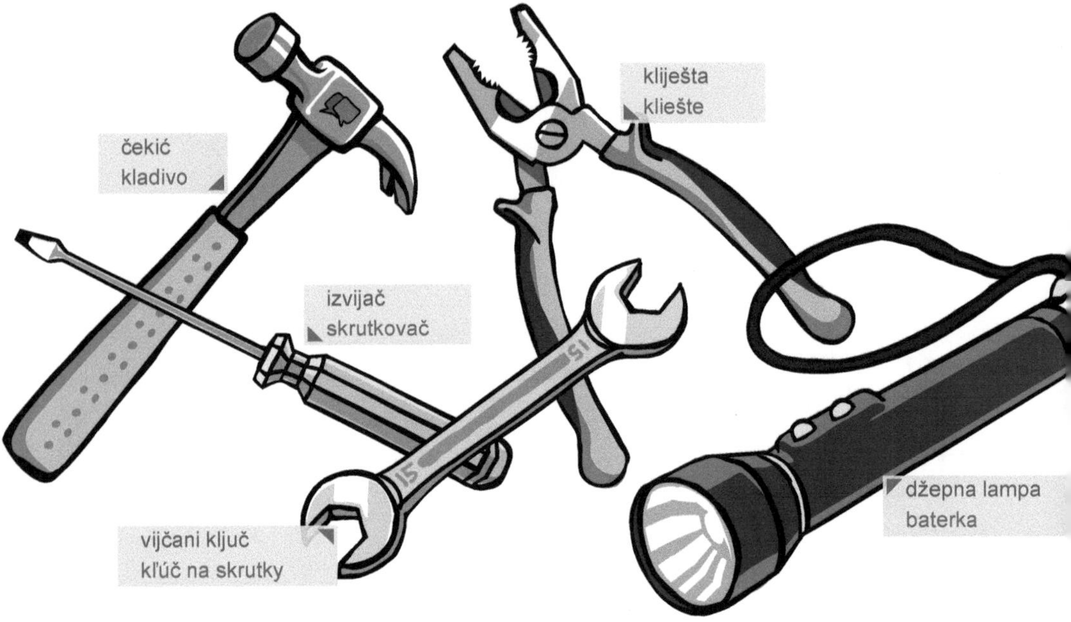

čekić
kladivo
kliješta
kliešte
izvijač
skrutkovač
vijčani ključ
kľúč na skrutky
džepna lampa
baterka

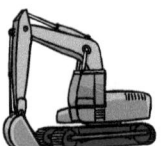

bager

bager

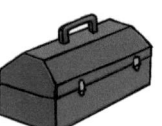

kutija sa alatom

súprava náradia

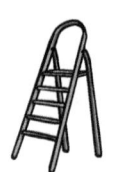

ljestve

rebrík

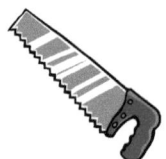

testera, pila

pílka

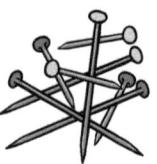

ekser

klince

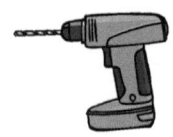

bušilica

vrták

popraviti

opraviť

lopata

lopata

sranje!

Do čerta!

lopatica

lopatka na smeti

kanta boje

nádoba s farbou

vijak

skrutky

muzički instrumenti
hudobné nástroje

bubnjevi
bicie

zvučnik
reproduktor

gitara
gitara

kontrabas
kontrabas

truba
trúbka

klavir
klavír

violina
husle

bas
basa

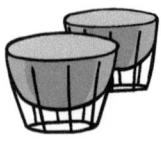

bubanj timpani
tympany

bubanj
bubon

sintisajzer
klávesnica

saksofon
saxofón

flauta
flauta

mikrofon
mikrofón

zološki vrt

ZOO

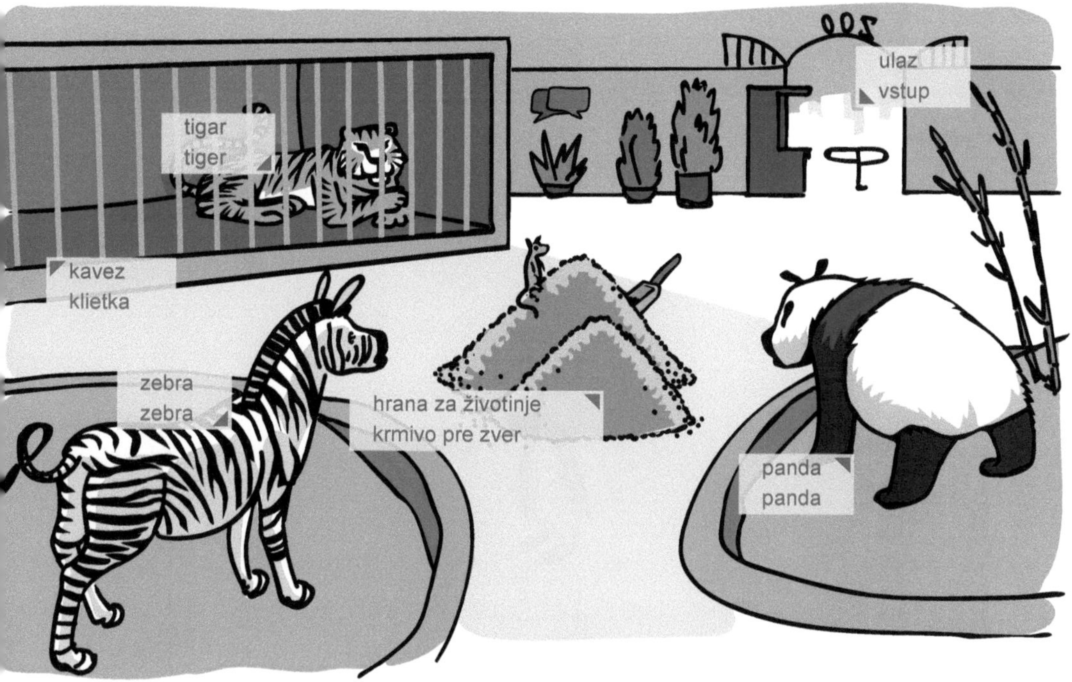
ulaz
vstup
tigar
tiger
kavez
klietka
zebra
zebra
hrana za životinje
krmivo pre zver
panda
panda

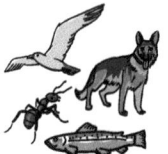

životinje

zvieratá

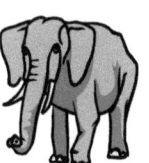

slon

slon

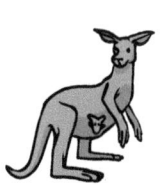

kengur

klokan

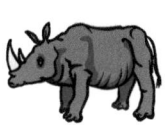

nosorog

nosorožec

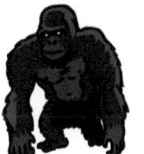

gorila

gorila

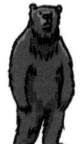

medvjed

medveď

kamila
ťava

noj
pštros

lav
lev

majmun
opica

flamingo
plameniak

papagaj
papagáj

polarni medvjed
ľadový medveď

pingvin
tučniak

morski pas
žralok

paun
páv

zmija
had

krokodil
krokodíl

čuvar u zološkom vrtu
ošetrovateľ v ZOO

tuljan
tuleň

jaguar
jaguár

poni
poník

leopard
leopard

nilski konj
hroch

žirafa
žirafa

orao
orol

divlja svinja
diviak

riba
ryba

kornjača
korytnačka

morž
mrož

lisica
líška

gazela
gazela

américki fudbal
americký futbal

vožnja bicikla
cyklistika

tenis
tenis

košarka
basketbal

plivanje
plávanie

boks
box

hokej na ledu
hokej

fudbal
futbal

bedminton
bedminton

laka atletika
ľahká atletika

rukomet
hádzaná

skijanje
lyžovanie

polo
pólo

smijati se
smiať sa

skakati
skočiť

zagrliti
objať

ići
chodiť

pjevati
spievať

sanjati
snívať

moliti
modliť sa

ljubiti
pobozkať

pisati
písať

crtati
kresliť

pokazati
ukázať

gurati
tlačiť

dati
dať

uzeti
brať

imati

mať

raditi

robiť

biti

byť

stajati

stáť

trčati

bežať

vući

ťahať

baciti

hádzať

pasti

padnúť

ležati

ležať

čekati

čakať

nositi

nosiť

sjediti

sedieť

obući

obliecť sa

spavati

spať

probuditi

zobudiť sa

aktivnosti - aktivity

pogledati

pozerať

plakati

plakať

milovati

hladkať

češljati

česať

govoriti

hovoriť

razumjeti

rozumieť

pitati

pýtať sa

slušati

počuť

piti

piť

jesti

jesť

pospremiti

upratať

voljeti

milovať

kuhati

variť

voziti

jazdiť

letjeti

letieť

jedriti

plachtiť

računati

počítať

čitati

čítať

učiti

učiť sa

raditi

pracovať

vjenčavti

oženiť

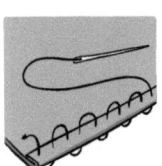

šiti

šiť

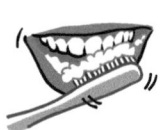

prati zube

čistiť zuby

ubiti

zabiť

pušiti

fajčiť

slati

poslať

porodica
rodina

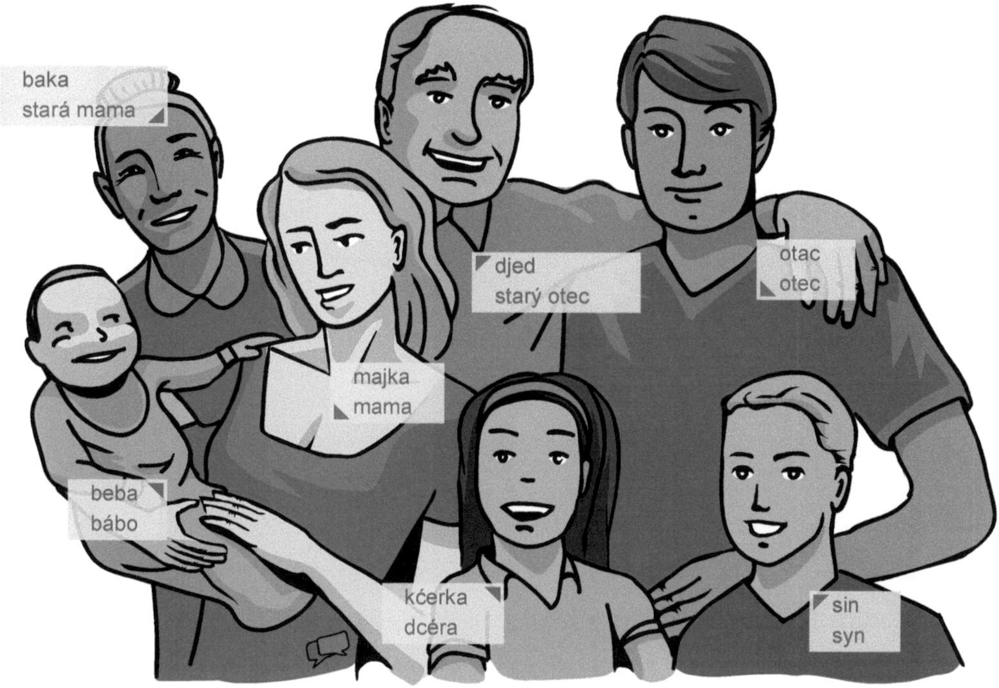
baka
stará mama
djed
starý otec
otac
otec
majka
mama
beba
bábo
kćerka
dcéra
sin
syn

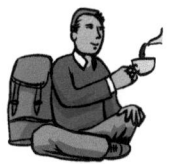

gost
hosť

ujna, tetka, strina
teta

ujak, tetak, stric
strýko

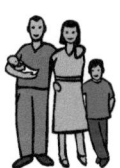

brat
brat

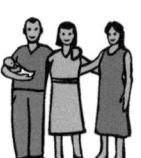

sestra
sestra

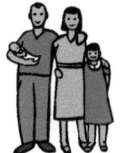

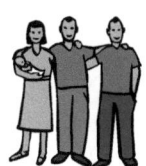

tijelo

telo

čelo
čelo
oko
oko
leđa
plece
prst
prst
lice
tvár
brada
brada
ruka, šaka
ruka
grudi
hruď
noga
noha
ruka
rameno

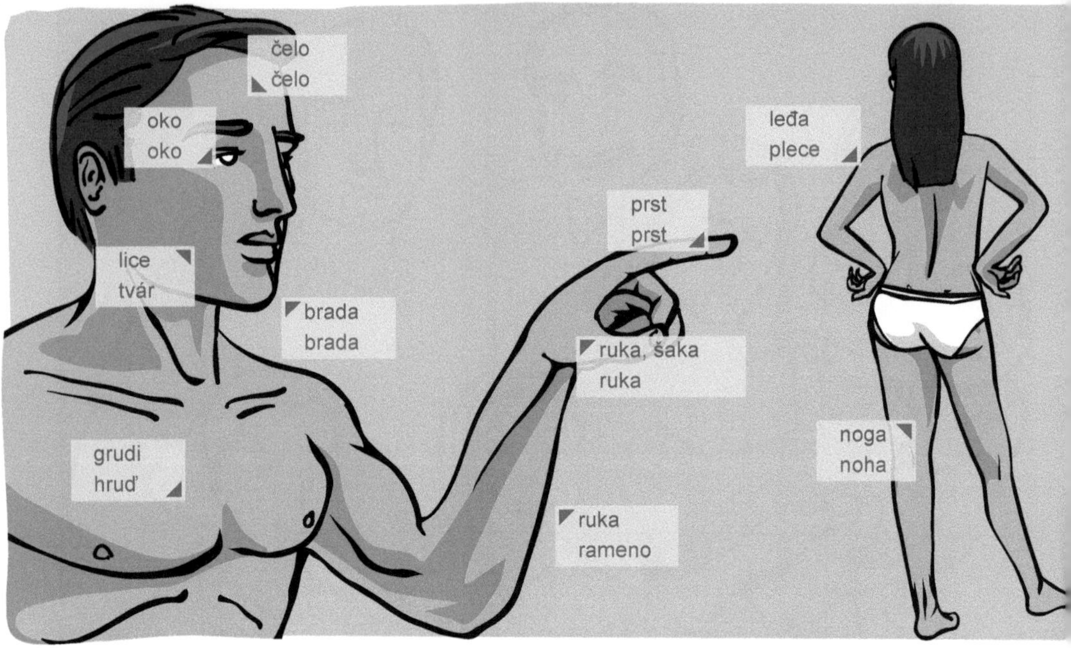

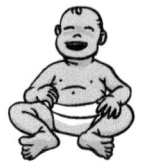

beba
bábo

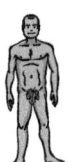

muškarac
muž

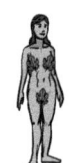

žena
žena

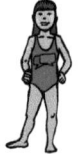

djevojčica
dievča

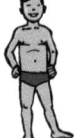

dječak
chlapec

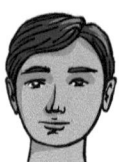

glava
hlava

leđa

chrbát

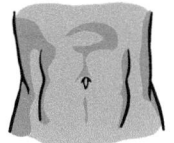

stomak

brucho

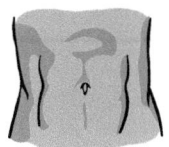

pupak

pupok

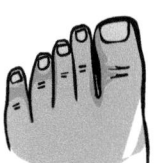

nožni prst

prst na nohe

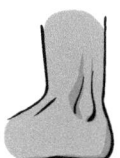

peta

päta

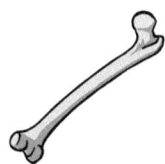

kosti

kosť

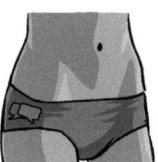

kuk

bok

koljeno

koleno

lakat

lakeť

nos

nos

stražnjica

zadok

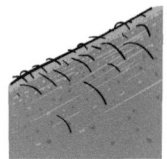

koža

koža

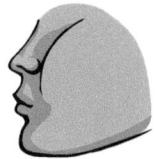

obraz

líce

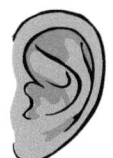

uho

ucho

usna

pery

usta

ústa

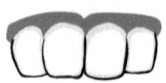

zub

zub

jezik

jazyk

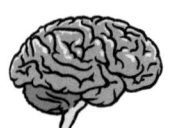

mozak

mozog

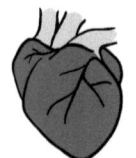

srce

srdce

mišić

svaly

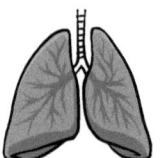

pluća

pľúca

jetra

pečeň

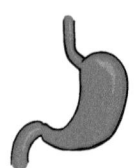

želudac

žalúdok

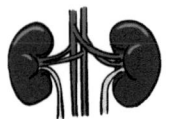

bubreg

obličky

spolni odnos

pohlavný styk

kondom

kondóm

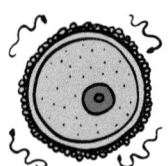

jajna ćelija

vaječná bunka

sperma

semeno

trudnoća

tehotenstvo

tijelo - telo

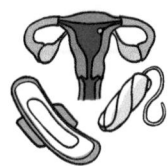

menstruacija

menštruácia

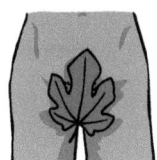

vagina

vagína

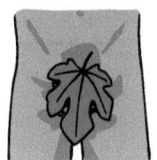

penis

penis

obrva

obočie

kosa

vlasy

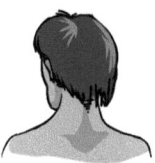

vrat

krk

bolnica
nemocnica

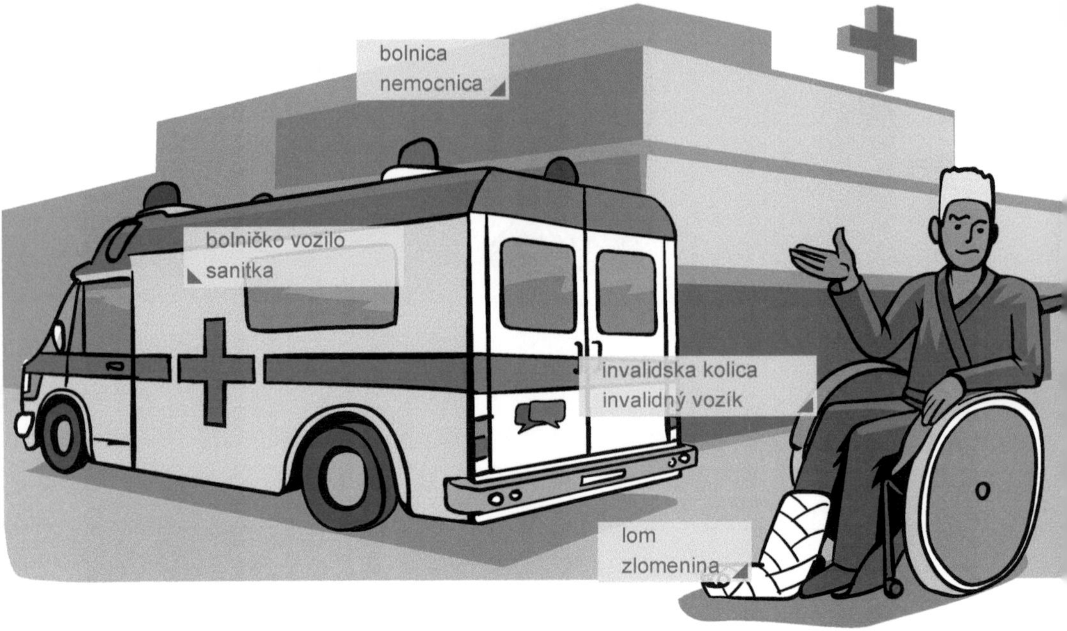

bolnica
nemocnica
bolničko vozilo
sanitka
invalidska kolica
invalidný vozík
lom
zlomenina

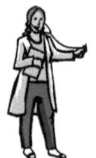

ljekar

lekár

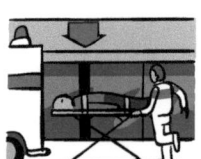

hitna služba

urgentný príjem

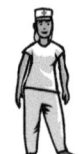

medicinska sestra

sestrička

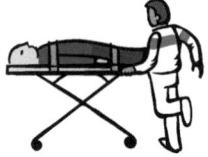

hitna pomoć

urgentný prípad

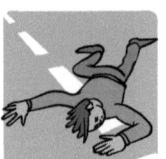

nesvjest

v bezvedomí

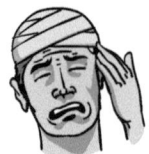

bol

bolesť

povreda

zranenie

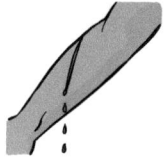

krvarenje

krvácanie

srčani udar, infarkt

srdcový infarkt

moždani udar

mozgová porážka

alergija

alergia

kašalj

kašeľ

groznica

teplota

gripa

chrípka

proljev

hnačka

glavobolja

bolesť hlavy

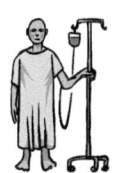

rak

rakovina

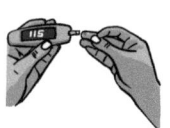

dijabetes

cukrovka

hirurg

chirurg

skalpel

skalpel

operacija

operácia

CT
CT

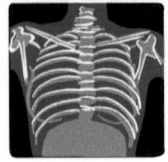

rendgen
RTG

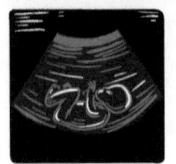

ultrazvuk
ultrazvuk

maska
maska

bolest
choroba

čekaonica
čakáreň

štake
barla

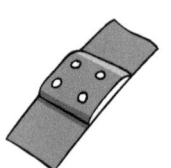

flaster
náplasť

zavoj
obväz

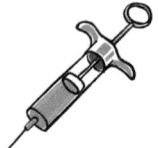

injekcija
injekcia

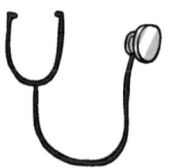

stetoskop
fonendoskop

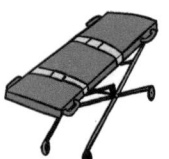

nosilo
nosidlá

termometar
teplomer

porod
pôrod

prekomjerna težina, debljina
nadváha

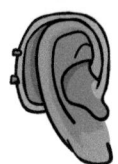

slušni aparat

audiofón

sredstvo za dezinfekciju

dezinfekčný prostriedok

infekcija

infekcia

virus

vírus

HIV/ AIDS

HIV / AIDS

medicina

medicína

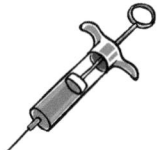

vakcinacija

očkovanie

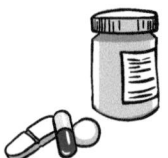

tablete

tabletky

pilula

antikoncepčná pilulka

hitni poziv

tiesňové volanie

aparat za mjerenje pritiska

tlakomer

bolestan / zdrav

chorý / zdravý

Upomoć!

Pomoc!

alarm

alarm

napad, prepad

prepad

napad

útok

opasnost

nebezpečenstvo

izlaz u slučaju opasnosti

núdzový východ

Požar!

Horí!

vatrogasni aparat

hasičský prístroj

nezgoda

nehoda

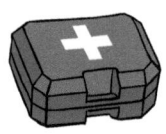

torba prve pomoći

kufrík prvej pomoci

SOS

SOS

policija

polícia

Europa

Európa

Sjeverna Amerika

Severná Amerika

Južna Amerika

Južná Amerika

Afrika

Afrika

Azija

Ázia

Australija

Austrália

Atlantik

Atlantický oceán

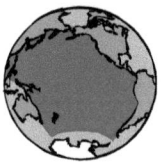

Pacifik

Tichý oceán

Indijski okean

Indický oceán

Antarktički okean

Južný oceán

Arktički okean

Severný ľadový oceán

Sjeverni pol

Severný pól

Južni pol

Južný pól

Antarktik

Antarktída

Zemlja

Zem

zemlja

krajina

more

more

ostrvo

ostrov

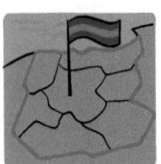

nacija

národ

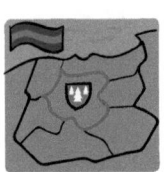

država

štát

brojčanik sata

ciferník

kazaljka sata

hodinová ručička

kazaljka minute

minútová ručička

kazaljka sekunde

sekundová ručička

Koliko je sati?

Koľko je hodín?

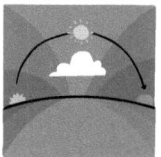

dan

deň

vrijeme

čas

sada

teraz

digitalni sat

digitálne hodiny

minuta

minúta

sat

hodina

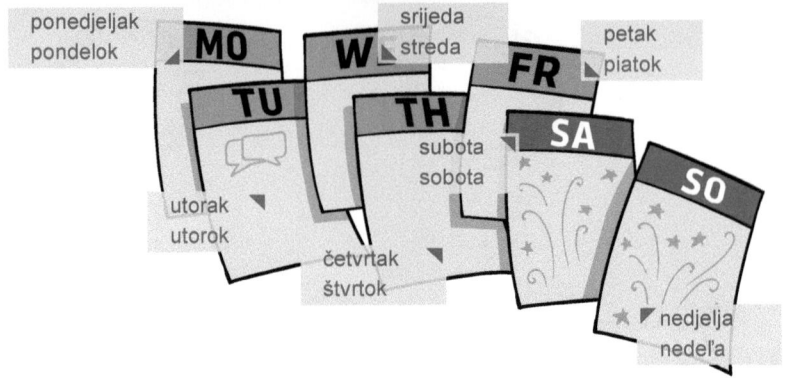

ponedjeljak
pondelok

srijeda
streda

petak
piatok

utorak
utorok

subota
sobota

četvrtak
štvrtok

nedjelja
nedeľa

juče
....
včera

danas
....
dnes

sutra
....
zajtra

jutro
....
ráno

podne
....
poludnie

veče
....
večer

MO	TU	WE	TH	FR	SA	SU
1	2	3	4	5	6	7
8	9	10	11	12	13	14
15	16	17	18	19	20	21
22	23	24	25	26	27	28
29	30	31	1	2	3	4

radni dani
....
pracovné dni

MO	TU	WE	TH	FR	SA	SU
1	2	3	4	5	6	7
8	9	10	11	12	13	14
15	16	17	18	19	20	21
22	23	24	25	26	27	28
29	30	31	1	2	3	4

vikend
....
víkend

godina
rok

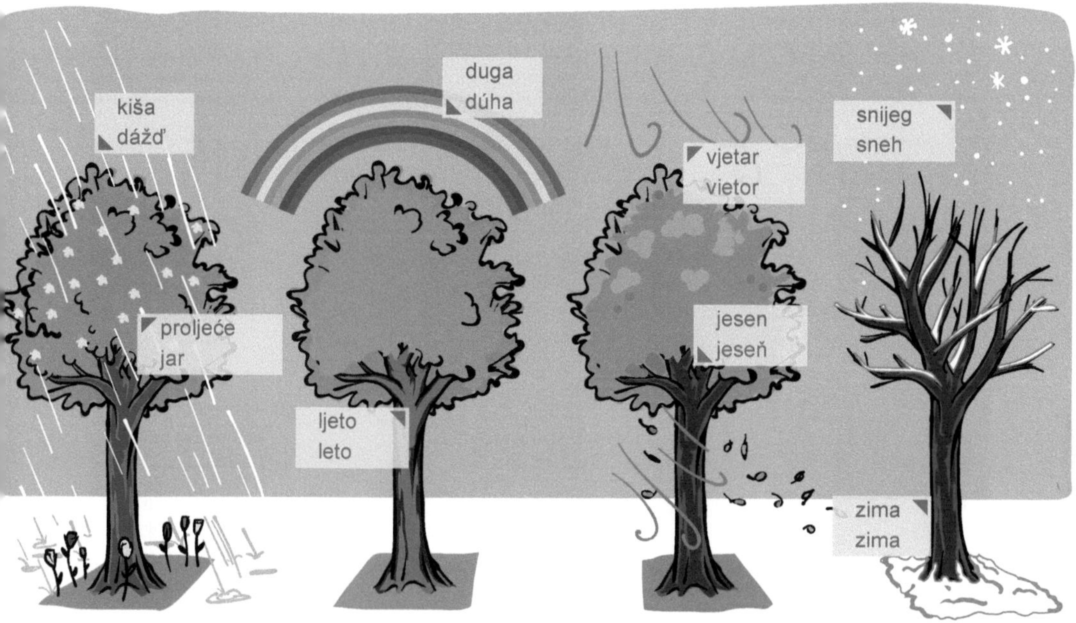
kiša
dážď
duga
dúha
vjetar
vietor
snijeg
sneh
proljeće
jar
jesen
jeseň
ljeto
leto
zima
zima

4.APRIL 11°
5.APRIL 4°
6.APRIL 13°
7.APRIL 8°
8.APRIL 10°

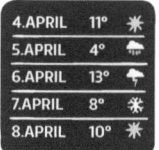

prognoza vremena

predpoveď počasia

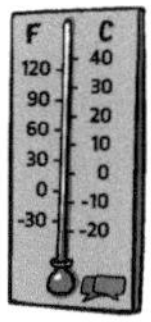
F C
120 40
90 30
60 20
30 10
0 0
-30 -10
-20

termometar

teplomer

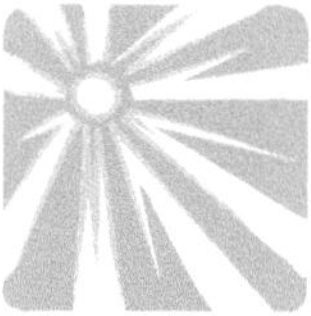

sunčev sjaj

slnečný svit

oblak

oblak

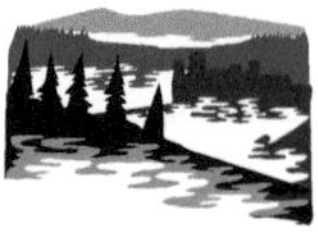

magla

hmla

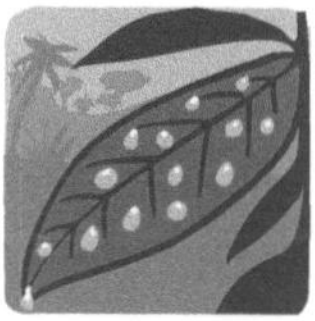

vlažnost vazduha

vlhkosť vzduchu

munja
blesk

grom
hrom

oluja
búrka

tuča, led
krúpy

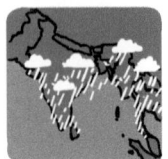

monsun
monzún

poplava
záplava

led
ľad

januar
január

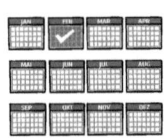

februar
februar

mart
marec

april
apríl

maj
máj

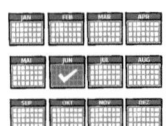

juni
jún

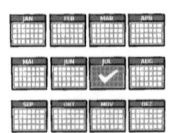

juli
júl

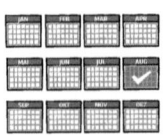

avgust
august

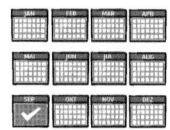

septembar
....
september

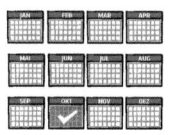

oktobar
....
október

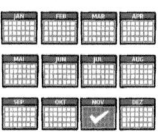

novembar
....
november

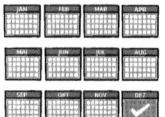

decembar
....
december

oblici
tvary

krug
....
kruh

kvadrat
....
štvorec

pravougao
....
obdĺžnik

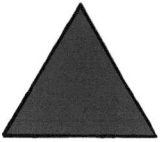

trougao
....
trojuholník

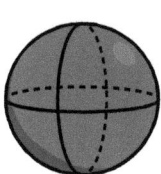

kugla
....
guľa

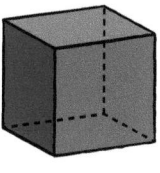

kocka
....
kocka

farby

bjel
....
biela

žut
....
žltá

narandžast
....
oranžová

pink
....
ružová

crven
....
červená

ljubičast
....
fialová

plav
....
modrá

zelen
....
zelená

smeđ
....
hnedá

siv
....
šedá

crn
....
čierna

malo / mnogo

veľa / málo

ljutit / miran

zúrivý / pokojný

lijep / ružan

pekný / škaredý

početak / kraj

začiatok / koniec

veliki / mali

veľký / malý

svijetlo / tamno

svetlý / tmavý

brat / sestra

brat / sestra

čist / prljav

čistý / špinavý

potpun / nepotpun

úplný / neúplný

dan / noć

deň / noc

mrtav / živ

mŕtvy / živý

široko / usko

široký / úzky

ukusno / neukusno

chutný / nechutný

zao / prijatan

zlostný / láskavý

uzbuđen / dosadan

vzrušený / unudený

debeo / mršav

tlstý / chudý

najprije / najkasnije

prvý / posledný

prijatelj / neprijatelj

priateľ / nepriateľ

pun / prazan

plný / prázdny

trvd / mekan

tvrdý / mäkký

težak / lagan

ťažký / ľahký

glad / žeđ

hlad / smäd

bolestan / zdrav

chorý / zdravý

ilegalan / legalan

nelegálny / legálny

inteligentan / glup

inteligentný / hlúpy

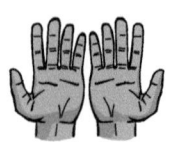

lijevo / desno

vľavo / vpravo

blizu / daleko

blízko / ďaleko

nov / polovan

nový / použitý

ništa / nešto

nič / niečo

star / mlad

starý / mladý

ukljúčeno / iskljúčeno

zapnuté / vypnuté

otvoreno / zatvoreno

otvorené / zatvorené

tiho / glasno

tichý / hlasný

bogat / siromašan

bohatý / chudobný

tačno / pogrešno

správne / nesprávne

hrapav / glatak

drsný / hladký

tužan / srećan

smutný / šťastný

kratak / dug

krátky / dlhý

spor / brz

pomaly / rýchlo

mokro / suho

mokrý / suchý

toplo / hladno

teplý / studený

rat / mir

vojna / mier

0
nula
nula

1
jedan
jeden

2
dva
dva

3
tri
tri

4
četiri
štyri

5
pet
päť

6
šest
šesť

7
sedam
sedem

8
osam
osem

9
devet
deväť

10
deset
desať

11
jedanaest
jedenásť

12
dvanaest
dvanásť

13
trinaest
trinásť

14
četrnaest
štrnásť

15
petnaest
pätnásť

16
šesnaest
šestnásť

17
sedamnaest
sedemnásť

18
osamnaest
osemnásť

19
devetnaest
devätnásť

20
dvadeset
dvadsať

100
sto
sto

1.000
hiljada
tisíc

1.000.000
milion
milión

engleski

angličtina

američki engleski

americká angličtina

kinesko mandarinski

mandarínska čínština

hindi

hindčina

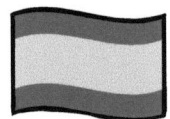

španski

španielčina

francuski

francúzština

arapski

arabčina

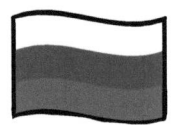

ruski

ruština

portugalski

portugalčina

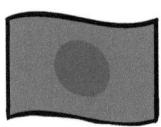

bengalski

bengálčina

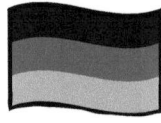

njemački

nemčina

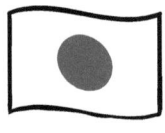

japanski

japončina

ja
ja

ti
ty

on / ona / ono
on/ona/ono

mi
my

vi
vy

oni
oni

ko?
kto?

šta?
čo?

kako?
ako?

gdje?
kde?

kada?
kedy?

HELLO, I AM

ime
meno

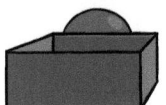

iza

za

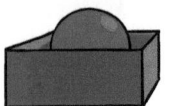

u

v

pred

pred

iznad

nad

na

na

ispod

pod

pored

vedľa

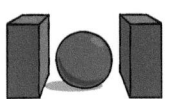

između

medzi

mjesto

miesto